Couverture inférieure manquante

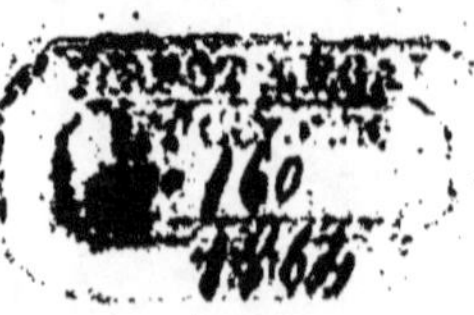

NOTICE

SUR LA

VILLE DE ROMANS

ET LE

BOURG DU PÉAGE

ACCOMPAGNÉE

D'UNE CARTE TOPOGRAPHIQUE DE LA VILLE DE ROMANS, DU BOURG DE PÉAGE

ET DES ENVIRONS

Dressée avec toute l'exactitude désirable à l'échelle de $\frac{1}{10000}$

PAR

H[te] VANLEEMPUTTEN

Capitaine au 58e Régiment d'Infanterie.

PRIX :

TOULOUSE

TYPOGRAPHIE DE J. DUPIN

RUE DE LA POMME, 28

1864

NOTICE

SUR LA

VILLE DE ROMANS

ET LE

BOURG DU PÉAGE

NOTICE

SUR LA

VILLE DE ROMANS

ET LE

BOURG DU PÉAGE

ACCOMPAGNÉE

D'UNE CARTE TOPOGRAPHIQUE DE LA VILLE DE ROMANS, DU BOURG DE PÉAGE

ET DES ENVIRONS

Dressée avec toute l'exactitude désirable à l'échelle de $\frac{1}{20000}$

PAR

H^te VANLEEMPUTTEN

Capitaine au 58e Régiment d'Infanterie.

PRIX :

TOULOUSE

TYPOGRAPHIE DE J. DUPIN

RUE DE LA POMME, 28

1864

DIVISION DE CETTE NOTICE

I. — Renseignements historiques sur la fondation de la ville de Romans et du Bourg de Péage, sur la construction des édifices et établissements publics remarquables qu'on trouve dans ces deux localités et sur les personnages célèbres auxquels elles ont donné naissance.

II. — Renseignements divers sur l'Isère et le pays qu'elle arrose, la population totale et l'agriculture des communes de Romans et de Bourg du Péage, l'industrie et le commerce de ces deux localités et les marchés qui s'y tiennent.

III. — Recit des événements militaires les plus remarquables qui se sont passés à Romans et au Bourg du Péage.

Avant d'entrer en matière, je dois dire que je tiens presque tout ce qu'il peut y avoir d'intéressant dans ce travail de l'obligeance de M. Chevalier, secrétaire de la mairie de *Romans*, qui a eu la bonté de m'indiquer les sources où j'ai puisé les renseignements historiques concernant la fondation de la ville de *Romans* et *le Bourg du Peage* et le récit des événements militaires les plus remarquables qui se sont passés dans ces deux localités. Les sources dont il s'agit sont : les *Mémoires sur la ville de Romans*, par M. Dochier, ancien maire de cette ville, et le *Registre des délibérations de la commune de Romans*, documents que M. Chevalier a eu la complaisance de mettre à ma disposition.

Je dois aussi des remerciments à M. de Mays, directeur du journal *la Romanaise*, qui a eu la bonté de lire mon petit travail et de me fournir quelques renseignements pleins d'intérêt, à l'aide desquels j'ai cherché à rendre ma notice aussi complète que peut l'être une œuvre de ce genre.

I

Notions historiques sur la fondation de la ville de Romans et du Bourg de Péage, sur la construction des édifices et établissements publics remarquables que l'on trouve dans ces deux localités et sur les personnages célèbres auxquels elles ont donné naissance.

Les notions historiques que l'on possède sur la ville de *Romans* ne permettent pas de faire remonter sa fondation au-delà du commencement du IXe siècle, époque à laquelle *Barnard*, archevêque de *Vienne*, vint bâtir, sur la rive droite de l'Isère, l'église qui porte son nom, et fonder un monastère autour duquel vinrent s'établir, sous la protection de l'archevêque, quelques pauvres gens du pays environnant.

Moins d'un siècle après la mort de son fondateur, les habitations groupées autour du monastère formaient déjà un bourg considérable qu'on appelait *Romans*, peut-être parce qu'il était proche d'une ancienne église ruinée dédiée à Saint-Romain. Un château s'était élevé sur la rive gauche de l'Isère, à deux kilomètres au-dessus de l'église de *Saint-Barnard*, à l'endroit qu'on appelle *Pisançon*. D'autres châteaux s'élevèrent, dans le voisinage de *Romans*, à *Peyrins* et à *Clérieux*. Ces châteaux étaient occupés par des seigneurs qui cherchaient à s'agrandir aux dépens les uns des autres.

Pour résister aux attaques du seigneur de *Peyrins*, les habitants de *Romans* entreprirent de s'enfermer dans des murailles.

Cette première enceinte, qui fut commencée en 1134 et dont il ne reste que des traces peu apparentes, attira des gens qui cherchaient un refuge contre les guerres civiles. Ils ne purent pas tous se loger dans la ville; le côteau de *Chapelier*, situé sur la rive droite de la *Savasse*, fut rempli de maisons qui formèrent un faubourg assez considérable. Un établissement, destiné à recevoir les malades indigents, s'éleva plus tard en dehors de l'enceinte, du côté nord-est, sous le nom d'*Hospice Sainte-Foi*. Cet hospice, dont la fondation était antérieure à l'année 1212, n'existe plus aujourd'hui. D'autres établissements du même genre ont été fondés postérieurement dans l'intérieur de la ville; mais il n'y a plus aujourd'hui à *Romans* qu'un seul hospice, celui de la *Charité*, situé sur la rive droite de la *Savasse*, sur le versant du côteau de *Chapelier*, près du cimetière.

En 1282, le chapitre de *Saint-Barnard* fit contruire, sur le sommet de ce côteau, une forteresse qui dominait la ville et qui fut appelée *Mont-Ségur* (Mont de Sûreté).

Vers la même époque, de nouveaux faubourgs se formèrent au nord et à l'est de l'enceinte, et de ce dernier côté s'éleva une église qui fut dédiée à saint *Nicolas*.

L'agrandissement de la ville nécessitait une deuxième enceinte ; la première pierre en fut posée le 27 février 1357. On voit des restes de cette fortification à l'est et à l'ouest de la ville. Le bâtiment que l'on appelle *Jacquemart*, du nom de l'automate qui frappe sur la cloche avec un marteau, fut construit au commencement du xvᵉ siècle. La cloche actuelle a été fondue en 1545. En 1588, la forteresse, bâtie par le chapitre de *Saint-Barnard*, sur le sommet du côteau de *Chapelier*, fut reconstruite sur un nouveau plan et prit le nom de *Citadelle*.

En dehors de la deuxième enceinte, sur la route de *Tain*, à environ un kilomètre de l'emplacement de la porte de Clérieux, on voit, sur le côté droit de la route en venant de *Romans*, un calvaire, dont la première construction remonte à la fin du xvᵉ siècle et est attribuée à un notable de *Romans* appelé *Romanet-Boffin*. Ce calvaire, détruit en 1562, à l'époque des guerres de religion, rétabli en 1612 et donné à des récollets, fut vendu comme bien national en 1793, ou plutôt donné à des chartreux qui, chassés de leurs cellules, vinrent y chercher la tranquillité dont ils jouissaient dans leur désert.

La fondation du bourg de *Péage* remonte à peu près au commencement du xᵉ siècle. Ce bourg, situé sur la rive gauche de l'Isère, en face de *Romans*, s'appelait autrefois *Péage de Pisançon*, parce qu'il appartenait au seigneur de La Croix de Pisançon, auquel il avait été engagé pour la somme de 11,000 livres; il ne renferme aucun monument remarquable.

L'ancien château de Pisançon n'existe plus depuis longtemps. Le château actuel, qui a été bâti sur l'emplacement du premier, quoique très voisin du bourg de Péage, ne se trouve pas sur le territoire de cette commune; il fait partie de la commune de *Chatuzange*, dont le chef-lieu est distant du bourg de Péage d'environ six kilomètres. Le propriétaire de ce château, *M. de La Croix de Chevrières*, marquis de *Pisançon*, permet libéralement l'entrée de son parc à toutes les personnes qui désirent le visiter; aussi, ce magnifique domaine est-il, dans la belle saison, le rendez-vous ordinaire des promeneurs de *Romans* et du bourg de *Péage*.

Romans et le *Péage* faisaient partie du Dauphiné, qui fut définitivement réuni au royaume de France le 30 mars 1349. L'acte de donation a été signé dans l'église *Saint-Barnard*.

On lit dans les Mémoires sur Romans, par *M. Dochier*, que cette ville a donné naissance à plusieurs personnages remarquables, dont quelques rues de la ville portent encore les noms, entr'autres le religieux *Humbert* et le colonel *Lally*, célèbres, l'un par ses vertus, l'autre par ses malheurs, et l'avocat-général *Servan*.

Romans a vu naître aussi le pasteur *Merlin*, auquel *M. Adolphe Rochas*, avocat à la cour impériale de Paris, a consacré un article dans sa Biographie du Dauphiné, ainsi qu'à *Servan*.

Humbert, après avoir achevé ses études dans l'Université de Paris, prit l'habit de religieux le 30 décembre 1224, dans le couvent des jacobins de cette capitale, où il enseigna la théologie. Il fut élu général de son ordre en 1254. Le pape Innocent IV voulut l'élever aux plus hautes dignités de l'Eglise; son extrême modestie les lui fit refuser. Il obtint la confiance du roi Saint-Louis et tint sur les fonts baptismaux son fils Robert. Ce monarque le fit entrer dans son conseil en 1258. Enfin, il renonça à tous les honneurs et se retira dans le monastère des Frères Prêcheurs de la ville de Valence, voisine de son pays natal. Il y vécut en simple religieux et mourut en 1277.

Gérard Lally, capitaine-sergent-major du régiment de Dillon, irlandais, était issu d'une de ces familles qui suivirent en France l'infortuné Jacques II. En garnison à Romans, il épousa *Anne-Marie de Brésac*, et de ce mariage naquit, le 13 janvier 1702, *Arthus-Thomas Lally*, qui, sous les yeux de son père, suivit la carrière des armes. Louis XV, témoin de sa bravoure à Fontenoi, en 1745, le fit colonel sur le champ de bataille.

Sa haine contre les Anglais et son courage le firent choisir de préférence pour aller les combattre sur les côtes de *Coromandel*. Arrivé aux Indes en 1758, il voulut réformer les abus, protéger *Pondichéry*, assiéger *Madras*, attaquer les Anglais avec des forces inférieures. Ces revers excitèrent ses plaintes et ses emportements; on lui rendit outrage pour outrage, et la colère égara sa raison. La perte de *Pondichéry*, en 1761, acheva d'aigrir les esprits. La fureur des habitants se porta à de si grands excès, qu'ils voulurent tuer leur général.

Lally, prisonnier, fut transporté en Angleterre; de là, il passa en France. Fort de sa conscience, il offrit de se rendre à la Bastille, où il fut enfermé en 1762 et oublié pendant quinze mois. La découverte d'un mémoire, fait par un jésuite qui venait de mourir, servit de témoignage contre lui. On commença son procès en 1764. Au lieu de se défendre avec calme, il insulta ses ennemis et poussa l'imprudence jusqu'à vouloir les déshonorer. Plus il s'obstinait à se justifier à leurs dépens, plus il augmentait ses torts et la haine de ceux qui voulaient le perdre. Après deux années d'instruction, le parlement de Paris le condamna à être décapité par arrêt du 6 mai 1766. Son fils *Lally-Tollendal*, célèbre par sa piété filiale, son courage et son éloquence, a fait réhabiliter sa mémoire.

Le savant auteur de la Biographie du Dauphiné nous fait connaître que *Merlin* (Jean-Raymond), dit *Monroy*, pasteur protestant, né à Romans vers le commencement du XVIe siècle, sortit de France dans sa jeunesse et s'établit à *Lausanne*, où il fut nommé professeur d'hébreu en 1537. En 1558, ses collègues *Viret* et *Valier* ayant été destitués par le gouvernement de Berne, il abandonna volontairement sa chaire pour se retirer à Genève. D'abord pasteur à Pevey (1559), il fut appelé dans la ville l'année suivante pour y remplir les mêmes fonctions et celles de professeur d'hébreu à l'Académie.

En 1561, sur la demande de l'amiral Coligny, il vint en France, fut chargé par le consistoire de l'Eglise de Paris d'une mission à *La Rochelle*, exhorta en passant les réformés du *Mans* et assista, à son retour, au colloque de *Poissy*. Après la clôture de cette fameuse assemblée, *Merlin* se rendit dans le *Béarn* pour y prêcher les principes de la *réforme*. En 1564, il revint à Genève; mais sur la fin de la même année, ayant osé résister aux magistrats de cette ville qui invitaient les pasteurs à s'acquitter avec plus de zèle de leurs devoirs en ce qui concerne la visite des malades, on le déposa. Il resta dès-lors sans emploi jusqu'à sa mort, arrivée à Genève en décembre 1578.

Nous lisons dans l'ouvrage dont nous avons parlé ci-dessus que *Servan* (Antoine-Joseph-Michel), célèbre avocat-général au parlement de Grenoble, naquit à *Romans* le 3 novembre 1737, d'une famille de bonne bourgeoisie qui avait quelques prétentions à la noblesse et se faisait volontiers appeler *de Servan*. Il était l'aîné de huit enfants. Son père, qui le destinait à la magistrature, lui fit donner une éducation des plus soignées, d'abord à Lyon, puis à Paris, et l'appliqua aussitôt après à l'étude de la législation et de la jurisprudence. Mais, comme il arrive presque toujours aux jeunes gens doués de quelque imagination, des sciences aussi positives où rien ne sollicite l'exercice de cette brillante faculté ne tardèrent pas à le dégoûter. Il avait connu à Paris et fréquenté des hommes distingués dans les lettres, et séduit par le côté attrayant de cette carrière, il voulut s'y consacrer tout-à-fait. Les sages conseils de son père réussirent à le ramener à l'étude des lois.

En 1764, il acquit la charge d'avocat-général au Parlement de Grenoble. Il n'était alors âgé que de vingt-sept ans. Nourri de fortes études, enthousiaste de principes philosophiques, il ne craignit pas d'oser proclamer, du haut de son siége, des idées encore proscrites par les actes du gouvernement et les mandements des évêques; il fit entendre un langage nouveau, celui de la vérité et de la raison.

A la rentrée du Parlement, en 1765, il prononça un discours sur l'utilité de la philosophie qui produisit une grande sensation et montra la voie dans laquelle il allait marcher. En 1767, son discours *dans la cause d'une femme protestante,* discours que tous les critiques s'accordent à regarder comme un chef-d'œuvre, mit le sceau à sa réputation.

En 1770, dans son réquisitoire sur une *déclaration de grossesse* faite par une fille de quinze ans contre un maître de danse presque sexagénaire, borgne et estropié, aussi impropre, dit-il, à l'amour qu'à la danse, il s'éleva avec force contre cette absurde maxime du président Faber : *creditur virgini se prægnantem asserenti* (est crue sur parole une jeune fille qui se dit enceinte du fait d'un individu).

En 1772, une affaire scandaleuse, dans laquelle son désir de protéger la morale lui fit embrasser avec trop de chaleur la défense de l'une des parties, amena sa retraite volontaire du ministère public.

Il s'agissait de l'héritier de l'une des plus grandes familles de la Provence, le comte de la *Baume de S ıze*, qui, après une jeunesse des plus orageuses, avait noué des relations intimes avec une demoiselle *Bon*, chanteuse de l'Opéra. Le comte, en galant homme a qui il répugnait de se faire entretenir gratuitement par une fille d'opéra, souscrivit à sa belle une obligation de 50.000 livres; mais le jour où son amour s'envola, il refusa de l'acquitter, prétendant qu'il y avait captation. De là un procès qui fut porté par-devant le Parlement de Grenoble.

Le grand seigneur fut condamné à faire honneur à sa signature, et le public applaudit à l'arrêt. *Servan*, qui au nom de la morale aurait voulu faire annuler l'obligation souscrite par le comte, donna, peu de temps après, sa démission de la charge d'avocat-général (1772).

Rentré dans la vie privée, il se fit l'avocat-général de l'humanité. Deux *mémoires judiciaires* (l'un pour la veuve *Game*, demandant la réhabilitation de son mari, condamné pour vol et mort de douleur dans sa prison, l'autre, pour *M. de Vocance*, ancien conseiller au Parlement de Grenoble, accusé d'empoisonnement), lui fournirent l'occasion de signaler un grand nombre d'abus de la procédure criminelle, interrogatoires secrets et captieux, longs emprisonnements, insuffisance des présomptions pour condamner un prévenu, nécessité d'un jury dans l'examen des questions morales, dangers et injustice du *plus amplement informé* indéfini, incohérence des lois pénales avec les lois politi ques, et nécessité de les mettre en rapport....

En 1789, il salua avec enthousiasme l'espoir de liberté qui saisissait toutes les belles âmes, mais il ne joua pas de rôle actif dans les événements de cette époque. Elu député par le bailliage d'Aix, il refusa son mandat et se borna à prendre part au mouvement des esprits en publiant un assez grand nombre de brochures où il manifestait des idées avancées.

En 1792, il sortit de France et se retira en Suisse.

En 1802, il revint en Provence. Sous l'Empire, Napoléon Ier le nomma président du collége électoral de Tarascon, qui l'élut député au Corps-Législatif. Livré tout entier à des travaux agricoles et à la préparation de deux grands ouvrages qu'il méditait sur *l'Education et les Lois*, il mourut un peu oublié à *St-Rémy*, près de Tarascon, le 5 novembre 1807, à l'âge de soixante-dix ans.

II

Renseignements divers sur l'Isère et le pays qu'elle arrose, la population totale et l'agriculture des communes de Romans et de Bourg du Péage, l'industrie et le commerce de ces deux localités et les marchés qui s'y tiennent.

La rivière qui sépare *Romans* du *Bourg de Péage* est l'Isère, l'un des affluents de gauche du Rhône. Elle descend du mont *Iseran*, point culminant de la portion des Alpes que l'on appelle *Alpes Grées* (4045 mètres de hauteur au-dessus du niveau de la mer), traverse la Savoie, en arrosant *Moustier* et *Montmélian*, place démantelée, à la rencontre des routes d'Italie sur *Chambéry* et de celle de *Grenoble*, position éminemment stratégique qui couvre la Savoie méridionale. De là, elle devient navigable, entre en France au fort *Barraux*, position avancée, couvrant *Grenoble* et toute l'Isère, qui fut bien défendue en 1814; ensuite, elle traverse *Grenoble*, ancienne capitale du Dauphiné, chef-lieu du département de l'Isère, située au pied d'une montagne dominée par la forteresse moderne de la *Bastille*. Son enceinte bastionnée et sa citadelle ont été réparées et augmentées, et font de cette ville importante une place presque inexpugnable et le centre de la défense du bassin de l'Isère. Elle a un arsenal, une direction d'artillerie et du génie, une garnison d'infanterie. Ce fut la première place qui ouvrit ses portes à *Napoléon*, en 1815. Assiégée quelques mois après par les alliés, elle fit une vigoureuse résistance. L'Isère arrose encore *Romans* et finit entre *Tournon* et *Valence.* Cette rivière est importante par la longueur et les sinuosités de son cours, l'entrée qu'elle ouvre dans la Savoie méridionale et surtout par la population belliqueuse de son bassin. Elle a de nombreux affluents, dont les principaux sont : 1° *l'Arc*, qui descend du mont *Iseran*, baigne la forteresse moderne de l'*Esseillon* qui garde le passage du mont *Cénis*, traverse la petite province de *Maurienne* (Savoie) en arrosant *Saint-Jean de Maurienne*, est longé par la route de *Chambéry* à *Turin* par le mont *Cenis* et finit au-dessus de *Montmélian*. Sa vallée, très âpre et montagneuse, est d'une grande importance pour pénétrer en Italie; 2° le *Drac*, qui descend des montagnes de *Vallouise*, au sud-ouest de *Briançon*, a un cours très sinueux et très impétueux du sud-est au nord-ouest, à travers un pays montagneux, se grossit d'une multitude de petits torrents, dont le plus remarquable est la *Romanche*, et se termine au-dessous de *Grenoble*. Cette rivière a une pente très rapide, un lit profond et encaissé; elle n'est pas navigable et cause de grands ravages par ses inondations. (Extrait de la *Géographie physique, historique et militaire*, de Lavallée.)

La *Savasse*, qui se jette dans l'*Isère* (rive droite), un peu au-dessous du pont de *Romans*, est un petit ruisseau qui vient de *Peyrins*, village situé au nord de *Romans*, à quelques kilomètres de cette ville. Grossie par les pluies, la *Savasse* forme une espèce de torrent. Pour utiliser ses eaux, on les a dérivées à environ trois kilomètres de *Romans*, dans un petit canal creusé à main d'homme, qui les distribue à un grand nombre de moulins et de tanneries.

A environ un kilomètre au-dessous de l'embouchure de la *Savasse*, l'Isère reçoit, sur sa rive gauche, le petit ruisseau de la *Maladière*, ainsi appelé parce que pendant les épidémies qui ont ravagé *Romans* à plusieurs reprises les malheureux atteints par la maladie étaient relégués sur les bords de ce ruisseau.

L'Isère arrose un pays très accidenté; son cours est très rapide; ses eaux, qui ne sont jamais limpides, roulent sur un lit dont les berges sont très raides.

Entre le pont de *Romans* et l'embouchure du ruisseau de la *Maladière*, on trouve sur la rive gauche un moulin, et à environ deux kilomètres au-dessous de l'embouchure du ruisseau dont nous venons de parler, le chemin de fer de *Valence* à *Grenoble* franchit l'Isère sur un pont magnifique qui vient d'être terminé et dont la construction est des plus remarquables. La hauteur du tablier au-dessus du niveau de la rivière est d'environ 30 mètres. A quelques mètres au-dessous de ce pont, un bac permet de passer d'autant plus facilement la rivière, que la rapidité de l'eau suffit pour faire marcher le bac, qu'il faut seulement avoir la précaution de présenter obliquement au courant.

Dans toute l'étendue de la carte annexée à la présente notice, l'Isère a une largeur d'environ 110 mètres; il n'y a pas de gué. Comme presque toutes les rivières qui sortent des hautes montagnes où la neige ne fond pas tout-à-fait avec le milieu de l'été, l'Isère a deux crues d'eau périodiques par année : la première, en mars ou avril, à la fonte des grandes neiges; la seconde, en juillet et août, quand le reste des neiges a été fondu par les grandes chaleurs. Le terrain dont l'Isère reçoit les eaux étant très accidenté, à la suite des grandes pluies la rivière grossit beaucoup. En 1856, il y eut une crue extraordinaire : la rivière envahit les quais, qui n'étaient pas encore protégés par un parapet, pénétra dans les maisons et s'éleva presque à hauteur d'homme dans la cour de la caserne de *La Presle*.

La situation de *Romans* est des plus pittoresques; ses vieilles maisons, séparées par des rues étroites et tortueuses, couvrent la pente méridionale du plateau qui borde la rive droite de l'Isère, et présentent de loin un ensemble qui frappe agréablement la vue. Le pont qui relie cette ville au *Bourg du Péage* est d'une belle construction; il date de 1720, et fut presque entièrement détruit à l'approche des Autrichiens, en 1814. Imparfaitement réparé après la conclusion de la paix, il n'a été complétement restauré que depuis quelques années, et les embellissements dont il a été l'objet en ont fait un travail d'art assez remarquable, que complète la construction, actuellement presque terminée, des quais de *Romans*.

Les environs de cette ville et du *Bourg de Péage* offrent aux promeneurs un grand nombre de jolis points de vue; entr'autres, le sommet du côteau de *Chapelier*, près de l'emplacement de l'ancienne porte de ce nom, d'où l'on voit, en tournant le dos au nord, sur la gauche *Romans* et le pont sous lequel l'Isère passe en courant : devant soi, le *Bourg du Péage;* derrière le *Bourg,* une vaste plaine entourée d'une ceinture de collines, et plus loin, à l'horizon, une chaîne de montagnes dont les sommets abruptes se couvrent de neige aux approches de l'hiver et conservent leur blanc manteau longtemps après la venue des fleurs printanières.

Les bords de l'Isère, près du pont du chemin de fer de Valence à Grenoble dont nous avons parlé ci-dessus, méritent d'être visités. De chaque côté de la rivière, les yeux sont réjouis par de beaux paysages qui fourniraient aux amateurs de photographie l'occasion de faire de très jolies choses.

Nous citerons encore la vue superbe dont on jouit quand, après avoir passé la Maladière, au point où ce ruisseau est traversé par le chemin de Chatuzange, on gravit le côteau qui borde la rive droite, en se dirigeant vers le hameau des Bayanins.

Lorsqu'on arrive au haut de la montée, si l'on jette les yeux du côté de *Romans*, on voit à ses pieds la plaine qui s'étend à l'est du *Péage;* au bout de la plaine s'étalent les maisons du *Bourg*, que dominent en avant la partie haute de la ville de *Romans;* à gauche le côteau de Chapelier, et à l'horizon une ligne de hauteurs moins abruptes que celles dont nous avons donné tout-à-l'heure la description.

Enfin, en remontant l'Isère, du côté de Pisançon, on trouve, pour ainsi dire à chaque pas, et principalement dans le parc du château, de charmantes vues qui rendent les promenades de ce côté fort agréables.

La population totale de la ville de *Romans* est de 11,219 habitants, d'après le recensement opéré en 1861 ; celle de la commune de *Bourg du Pérge* est de 4,264 personnes.

Les terres labourables de ces deux communes sont d'assez bonne qualité et très bien cultivées; on y trouve des plantations considérables du mûriers, dont les feuilles servent à élever des vers à soie, qui produisent en moyenne environ 120 quintaux métriques de cocons par an. L'étendue totale du territoire est d'environ 3,000 hectares pour la commune de *Romans* et de 1,371 hectares pour celle de *Bourg du Péage*.

Les habitants de ces deux localités sont très industrieux et très commerçants; leurs principales industries sont : la fabrication des tissus et objets en soie, la corderie, l'industrie du cuir, comprenant la préparation et la mise en œuvre (tanneurs, cordonniers, galochers), la chapellerie. Cette dernière industrie et la corderie dominent au *Bourg du Péage,* tandis qu'à *Romans* c'est l'industrie du cuir. Le nombre des fabriques de tissus et objets en soie est le même de part et d'autre. Ces diverses industries occupent un grand nombre d'ouvriers des deux sexes.

On trouve encore à *Romans* une industrie généralement peu connue et qui est cependant assez importante : c'est l'effilochage de chiffons de laine, qui se prépare dans un établissement situé sur les bords escarpés de l'Isère (rive droite), un peu en aval de l'embouchure de la Savasse. La laine provenant de ces chiffons est refilée et sert à fabriquer des étoffes qui sont inférieures pour la durée aux étoffes fabriquées avec des laines filées pour la première fois.

Il se tient à *Romans,* tous les vendredis, un marché très considérable qui est fréquenté, non seulement par les gens du pays environnant à plusieurs lieues à la ronde, mais encore par des acheteurs venant de très loin. L'affluence des chalands est si considérable, qu'on à grand'peine à circuler sur les places et dans les rues de la ville. On trouve à ce marché un grand nombre de chevaux et de mulets (de 200 à 300), autant de bœufs et de vaches, des ânes, une quantité considérable de moutons et de porcs, des veaux, des agneaux et des chèvres, de la volaille, des fromages, des légumes et des fruits, des céréales, enfin toutes sortes de denrées et marchandises qu'y apportent une multitude de marchands forains venant de tous côtés.

Il n'y a pas de marché au *Bourg de Péage,* à cause de la proximité du marché de *Romans,* où les gens du *Péage* vont faire leurs achats.

III

Récits des événements militaires les plus remarquables qui se sont passés à Romans et au Bourg du Péage.

Les événements militaires les plus intéressants dont la ville de *Romans* et le *Bourg du Péage* ont été le théâtre, sont certainement ceux qui se sont passés dans ces deux localités en 1814. Voici, d'après le *Registre des délibérations de la commune de Romans*, le récit détaillé de ces événements qui ont laissé des traces profondes dans la mémoire des Romanais et des Péageois. Une maison du *Péage*, près du pont de *Romans*, porte encore sur sa façade les boulets qu'y ont lancés les canons autrichiens, mis en batterie sur la rive droite de l'Isère, près de la porte Chapelier.

Napoléon battu, Lyon pris, l'armée du maréchal *Augereau* en pleine retraite, *Romans* devait s'attendre à se voir bientôt le théâtre de la guerre, puisque, située sur la rive droite de l'Isère, dont on paraissait vouloir défendre le passage, cette ville devenait une position militaire.

Le 26 mars 1814, le 116e régiment d'infanterie de ligne et une partie du 32e, au nombre d'environ 4,500 hommes, commandés par M. le général *Ordonneau*, entrent dans cette place et l'occupent militairement, ainsi que le *Bourg du Péage*.

En exécution des ordres du général, les portes *Bonnaveau* et *Bistour* sont murées (cette dernière porte avait été ainsi appelée parce qu'elle se trouvait entre deux tours, dont une est encore debout et sert de magasin à poudre); la porte *Chapelier* est barricardée et de forts corps-de-garde sont placés aux portes de *Clérieux, Jacquemart* et *Saint-Nicolas;* enfin, la place est mise à l'abri d'un coup de main.

Néanmoins, le bruit se répand qu'on se propose de faire retirer les troupes sur la rive gauche de l'Isère et de couper le pont, afin de couvrir la ligne formée par cette rivière. Aussitôt le peuple, le conseil municipal, le maire, tous se réunissent pour prévenir un si grand malheur. Les plus fortes représentations sont faites à M. le général *Ordonneau,* qui les transmet au maréchal *Augereau,* en y joignant ses propres observations, favorables aux justes réclamations de la cité. Que lui répond-on? On lui recommande de tranquilliser les habitants, en leur donnant l'assurance que si l'on faisait miner le pont, ce n'était qu'une mesure de précaution, et qu'on ne le ferait sauter qu'à la dernière extrémité.

Cette réponse, que M. le général *Ordonneau* voulut bien communiquer au conseil municipal, suspendit les inquiétudes de la ville sur une perte qui devait entrainer celle de son commerce, c'est-à-dire de la dernière ressource qui lui restait.

Mais, pendant la nuit du 27, les troupes reçoivent l'ordre d'évacuer la place, et le conseil municipal est convoqué extraordinairement, à une heure du matin, le lundi 28.

M. le général *Ordonneau* lui donne lecture de la lettre de M. le général en chef qui prescrivait la destruction du pont dans la nuit même.

Chargé d'exécuter une mesure si funeste à la ville, mais jugée nécessaire au salut de l'armée française, M. le général *Ordonneau* s'efforça d'en adoucir l'amertume par l'expression de ses regrets, par l'assurance de ne point exposer la ville aux malheurs de la guerre en défendant le passage.

Quatre membres du conseil municipal accompagnent M. le général *Ordonneau* jusqu'au *Bourg du Péage*, et, les larmes aux yeux, font, au nom de la ville, leurs adieux à leurs voisins, à leurs compatriotes, à leurs amis les Péageois.

Bientôt les troupes commencent à défiler; les militaires malades ou blessés sont transportés sur l'autre rive. Les provisions, les subsistances, les fourrages, tout est enlevé, par ordre du général, sur des voitures qu'il requiert lui-même; la ville enfin est réduite au dénuement le plus absolu. Alors on met le feu aux mines; elles font leur explosion. La détonation est terrible, les éclats volent de toutes parts et un grand nombre de maisons sont endommagées.

N'importe! plusieurs mines ayant manqué, on les

charge de nouveau, et vers onze heures du matin le pont est abandonné dans un état déplorable. Les deux premières arches sont les seules qui restent intactes; la seconde arche, du côté de la ville, est entièrement rompue; la seconde, du côté du *Péage*, ne l'est qu'à moitié, mais hors de service.

Ainsi fut détruit le beau pont qui, depuis 1720, faisait la richesse de la ville et l'admiration des étrangers. Ce fut un jour de deuil; la tristesse, la stupeur, le désespoir de tous les habitants signalèrent la perte énorme qu'ils venaient de faire.

Abandonnés par l'armée française et livrés à eux-mêmes, les Romanais n'eurent plus à songer qu'à leur sûreté personnelle; elle était menacée par des personnes égarées dont il fallait arrêter l'imprudence en les éclairant sur leur position; elle l'était encore sous d'autres rapports : des boulangers la compromettaient en cessant de cuire; les marchands, en haussant les prix courants; les aubergistes et cabaretiers, en ôtant leurs enseignes. Sur la proposition de M. *Lambert*, conseiller municipal, des mesures furent prises aussitôt, afin de prévenir les malheurs qui pourraient résulter de ces désordres : les cordes de toutes les cloches sont coupées, leurs battant même sont enlevés; la cohorte urbaine est rassemblée; les malveillants sont surveillés, contenus, et la proclamation suivante est publiée et affichée dans toute la ville :

« Le Maire de *Romans*, qui veille au salut de tous

» les habitants, leur recommande le plus grand calme, » la plus grande sagesse, attendu que la moindre » imprudence leur causerait les plus grands mal- » heurs.

» Il les prévient qu'il a pris toutes les mesures né- » cessaires pour assurer leur subsistance. En consé- » quence, ils doivent être sans inquiétude et cesser » d'assiéger les boulangers, afin de faire des provisions » plus considérables qu'à leur ordinaire.

» Les marchands de toute espèce doivent continuer » de vendre sans augmenter les prix courants.

» Les boulangers, bouchers, charcutiers, aubergis- » tes, marchands de comestibles, d'eau-de-vie et de » tabac qui ont ôté leurs enseignes, sont tenus de les » remettre sur-le-champ.

» Les habitants sont en outre invités à éclairer toute » la nuit le devant de leurs maisons, cette nuit et les » suivantes, jusqu'à nouvel ordre.

» Tous ceux qui contreviendraient à la présente et » troubleraient directement ou indirectement la tran- » quillité publique, seront responsables de tous les évé- » nements, et, en outre, punis suivant l'exigence des » cas et avec la plus grande rigueur. »

Le conseil municipal se déclare en permanence, vers trois heures de relevée; il délibère sur la conduite à tenir à l'arrivée des troupes étrangères, soit de jour, soit de nuit.

Plusieurs notables étrangers au conseil, mais recommandables par leurs lumières, avaient été invités à s'y rendre et s'y étaient réunis.

Il est d'abord arrêté qu'il serait placé à chaque porte un poste de vingt hommes, commandé par un officier.

Ensuite, la consigne que chacun d'eux devait faire exécuter est rédigée ainsi qu'il suit :

« 1° Manière de recevoir les troupes étrangères pen-
» dant le jour : Chaque poste aura des sentinelles
» avancées qui appelleront la garde aussitôt que les
» troupes paraîtront, et dès que le commandant du
» poste sera certain de leur approche, il en fera pré-
» venir M. le Maire.

» Les sentinelles avancées se replieront et resteront,
» ainsi que tout le poste, en dehors de la porte, jus-
» qu'à l'arrivée de M. le Maire.

» 2° Manière de recevoir les troupes étrangères pen-
» dant la nuit : Les portes seront fermées une demi-
» heure après le coucher du soleil. S'il se présente
» une troupe ou un parlementaire, le poste en donnera
» sur-le-champ avis à M. le Maire. »

Dans l'un et l'autre cas, ce magistrat était chargé de parlementer et de régler avec les troupes étrangères le mode de leur admission dans la ville, sauf à en référer au conseil s'il le jugeait nécessaire.

Afin d'assurer l'exécution de ces mesures, la double consigne qu'on vient de rappeler, remise en placard à M. le commandant de la cohorte, est aussitôt communiquée aux officiers des trois postes et affichée dans chaque corps-de-garde.

A dix heures du soir, cent seize hussards autrichiens se présentent aux portes de la ville. La consigne est observée aux portes de Saint-Nicolas et de Jacquemart ; il n'en est pas de même à celle de Clérieux, qui reste ouverte et par laquelle quinze hussards pénètrent dans l'enceinte de la ville.

Cette entrée inattendue et au milieu de la nuit y jette d'abord quelque trouble, quelque confusion. Mais le calme est bientôt rétabli et l'officier autrichien eut lieu d'être satisfait de la réception qu'on lui fit, témoin la lettre qu'il écrivait à son capitaine, qu'il a laissée ouverte et qui est ainsi conçue :

» J'ai visité la ville de *Romans*. Le pont est entière-
» ment détruit ; j'ai pris connaissance des habitants que
» l'ennemi a quittés à midi. Mais, comme cette ville est
» grande et que je ne peux connaître la position de l'en-
» nemi, je place ma troupe derrière la ville. Les habi-
» tants sont très affables. »

L'auteur de cette lettre, M. Paulwitz, sous-lieutenant, commandant le détachement, sort avec MM. Charles aîné et Destèque, pour aller rendre compte à son capitaine de l'état des choses.

M. Destèque s'offre pour ôtage et reste avec les Autrichiens, tandis que M. Charles rentre en ville, afin de faire révoquer un ordre qui la compromettait et qui ne pouvait être que le résultat d'un malentendu. Il est heureusement reconnu ; la porte est ouverte et tout s'arrange à l'amiable.

M. Paulwitz fait, dans la matinée du 29, plusieurs réquisitions qui sont exécutées sur-le-champ.

Vers deux heures de relevée, son capitaine, M. Aenriot, se rend à la mairie et y commande, pour le lendemain, ainsi que pour les jours suivants, des vivres et fourrages pour 4,000 hommes d'infanterie et 700 cavaliers.

Sur les représentations qui lui furent faites que la ville de *Romans* ne pouvait par elle-même subvenir à la totalité de ce service, que les communes voisines devaient nécessairement y concourir, mais que le maire de *Romans* n'avait sur elles aucune autorité, M. le capitaine autrichien fit sur ces communes différentes réquisitions dont il laissa l'exécution à la mairie de *Romans*.

Ces réquisitions annonçaient la présence prochaine d'un corps considérable de troupes étrangères et le détachement, qui semblait n'être venu à *Romans* qu'afin de pourvoir à leur subsistance, se retira vers huit heures du soir.

A la pointe du jour du lendemain, 30 mars, les Français sont instruits du départ des Autrichiens, et, quoique le danger à cause duquel on avait fait sauter le pont subsistât toujours, quoique même il fût plus imminent par l'approche présumée des troupes alliées, on fait toutes les dispositions nécessaires pour faciliter la rentrée des Français dans les murs de *Romans*, dans des murs qu'ils avaient cru prudent d'abandonner deux jours auparavant.

A cet effet, la construction d'un pont volant est aussitôt arrêtée, et en trois heures un passage facile est ouvert aux troupes françaises, qui, en se précipitant dans la ville, l'exposent de nouveau à tous les dangers d'une défense reconnue inutile par la rupture du pont et devenue plus chanceuse encore depuis cette même rupture. Mais des gens sages, qui prévoyaient dès-lors tous les fléaux qui allaient pleuvoir sur la ville de *Romans*, ne purent que gémir sur le sort qui les attendait.

Pendant le court séjour de la brigade de M. le général Ordonneau, plusieurs petites opérations militaires furent dirigées tant sur *Miribel* que sur *Saint-Donat ;* mais ces opérations sont étrangères à l'objet de ce récit, qui n'est relatif qu'à la ville de *Romans* et au *Bourg-du-Péage*. Elles eurent cependant une funeste influence sur le sort de cette malheureuse cité ; ce fut d'attirer sur elle la plus grande partie des troupes autrichiennes et à leur suite tous les malheurs de la guerre. La brigade de M. le général Ordonneau en sortit le 2 avril, à onze heures du matin ; elle fut aussitôt remplacée par environ 1,500 hommes, sous les ordres de M. le général Estève.

A son arrivée, il est prévenu qu'un détachement d'Autrichiens dévastait le territoire de *Romans*. Aussitôt ce général y envoie deux compagnies ; mais elles sont forcées de se replier, et une vive fusillade s'engage aux portes de la ville avant qu'il ait le temps de reconnaître la position et les forces des Autrichiens.

Cela est si vrai, que, dans le moment même où l'on se battait, un commissaire ordonnateur travaillait, dans le secrétariat de la Marie, à faire des réquisitions pour l'armée française (qui, suivant lui, devait reprendre l'offensive) et parlait de faire enlever les magasins formés à Tain par l'armée autrichienne.

On la croyait si peu nombreuse, ou du moins le corps qui se dirigeait sur *Romans*, que le général français ne balança point de lui opposer le restant de sa troupe. C'est ainsi que douze ou quinze cents hommes eurent à soutenir le choc de 6,000 hommes, suivis d'un plus grand nombre, protégés par une nombreuse artillerie. La partie n'était donc point égale ; aussi, après un combat de quatre heures, M. le général Estève fut-il obligé de céder au nombre et d'effectuer sa retraite par le seul point qui lui restait sur le pont volant.

Pour y parvenir, il fallait autant de courage que de présence d'esprit, car la ville ne pouvait résister longtemps à l'artillerie qui la foudroyait.

Les portes sont brisées, les murs escaladés ; les Français, les Autrichiens se mêlent sur les places, dans les carrefours. On se bat partout et avec acharnement.

Emportée de vive force et en quelque sorte prise d'assaut, la ville offrait dans chaque rue un défilé qu'une partie des soldats français défendait pied à pied, afin de donner à d'autres le temps de défiler sur un pont mobile très étroit, à découvert et contre lequel les assiégeants dirigeaient principalement leurs batteries.

Cette résistance devint la source de tous les malheurs de la ville. Surpris par ce coup de main, quelques bourgeois n'avaient pu rentrer chez eux, et, fuyant pêle-mêle avec les soldats français, ils parurent avoir embrassé leur défense, et deux ou trois furent accusés d'avoir tiré sur les troupes alliées, erreur que leur fuite semblait accréditer et qui n'était que le funeste résultat du ricochet des balles, qui, venant de la rive opposée et renvoyées par les murs latéraux contre lesquels elles venaient frapper, paraissaient sortir des maisons de la ville.

Cette cruelle erreur, propagée par plusieurs soldats atteints de cette manière, parvient de rang en rang jusqu'à Son Altesse le prince de Hesse-Hombourg, général en chef de l'armée du Sud, qui était à *Romans*. Indigné des torts apparents de la ville, il prononce l'arrêt de sa destruction ; mais, à la prière du général qui commandait sous lui, du baron de Lederer, le Prince consent à s'en rapporter à sa prudence.

Dans un si grand danger, que faisait le conseil général de la commune ? La plus grande partie de ses membres était réunie sous la présidence de M. le Maire ; plusieurs notables s'étaient joints à eux. Le conseil est bientôt averti du sort qui menaçait la ville par plusieurs coups de fusils tirés sur la salle où il siégeait et qui fut traversée par une balle. Des soldats furieux se précipitent jusque dans son sein et dévalisent plusieurs de ses membres. C'en est fait de la ville, si l'on ne hâte de la sauver.

Alors, un des membres du conseil, M. Lambert, se lève ; il demande que le conseil se dévoue pour le salut de ses habitants et se hâte de conjurer l'orage qui plane sur leurs têtes, en envoyant sur-le-champ une députation auprès de M. le général autrichien, afin d'implorer sa clémence et d'obtenir la grâce de la ville, quel que fût le crime dont on paraissait vouloir la punir et dont sans doute elle était innocente.

« Oublions tout, s'écrie-t-il, oublions tout pour la sauver ! Oui, quels que soient les dangers, nous devons être prêts à les affronter ; nous devons, s'il le faut, périr pour une si belle cause. Marchons ! »

Plusieurs autres membres se présentent, et la députation, composée de MM. Duvivier, maire, Montelegier, Arnaud et Lambert, part aussitôt. Il était cinq heures du soir.

Elle est obligée de traverser l'armée, le champ de bataille couvert de morts, de mourants, et ne peut parvenir jusqu'au général qu'à un quart de lieue de la ville, aux Récollets, près du Calvaire ; elle le trouve environné d'officiers qui accusent les bourgeois d'avoir tiré sur eux, et le général lui manifeste toute son indignation.

M. le Maire et les autres membres de la députation font tous leurs efforts pour calmer le général, enfin pour sauver la ville ; ils y parviennent à force de représentations, à force de prières.

Ils se retiraient lorsqu'on leur ordonna de fournir sur-le-champ à l'armée les vivres dont elle avait un pressant besoin. Ils se hâtent de rentrer dans la ville, afin de faire exécuter cet ordre ; mais ils la trouvent dans un désordre affreux. Elle était au pillage et plusieurs maisons étaient en feu. Les pompiers, dont on ne saurait trop admirer le courage, le dévouement, bravent tout pour arrêter les progrès de l'incendie et ont la gloire d'y parvenir. Il n'en est pas de même du pillage. Les officiers s'opposent en vain à la fureur des soldats. Ceux-ci, que la générosité de leurs chefs ne peut arrêter, se jettent sur tous ceux qu'ils rencontrent, les dépouillent, enfoncent les maisons, prennent tout ce qu'ils peuvent emporter, brisent le reste et se livrent pendant la nuit à toutes sortes d'excès.

Comment faire pour obéir aux ordres du général au milieu du trouble où la ville était plongée? Une proclamation est faite pour ordonner aux habitants d'apporter sur-le-champ à la commune tous les vivres à leur disposition, et MM. Bossan, Pigeron et Fochier, conseillers municipaux, oubliant leur propre sûreté, s'exposent aux plus grands dangers pour assurer l'exécution d'une mesure dont le salut de la ville dépendait en quelque sorte. Grâce au bon esprit qui a toujours animé les Romanais, en une heure tout ce qui était nécessaire pour les premiers besoins de l'armée alliée est amoncelé dans les salles de la commune, et ce zèle, cet empressement ne contribuent pas peu à désarmer les vainqueurs.

Le conseil reste en permanence toute la nuit ; elle fut très orageuse. Les embarras croissaient à chaque instant avec les différents ordres qui ne cessaient de de se multiplier. MM. Belland, Lombard-Morel, Colonge fils, affrontent mille dangers pour les faire exécuter.

Enfin, le jour paraît et la ville peut apprécier les pertes immenses qu'elle vient de faire : quatre bourgeois assassinés chez eux, douze blessés, quatre maisons brûlées, mille maisons pillées, huit cents familles ruinées, un million de dommages.

Pour prévenir de plus grands maux encore, il fallait se hâter d'assurer les subsistances de l'armée. Pour cela, il était nécessaire d'organiser un service régulier, et c'est ce que, sur la proposition de M. Seyvon, le conseil municipal s'empresse de faire, le 3 avril, en créant, sous la direction de ce conseiller, sept commissions dont les membres se sont acquittés de leur mission avec un zèle, un désintéressement et une intelligence qui leur font le plus grand honneur. Ces commissions étaient : celle des vivres-pain, la commission des vivres-viande, celle des fourrages, la commission des vins, celles des bois, la commission des réquisitions et celle des guides et voitures.

La cohorte urbaine a secondé de tous ses efforts les mesures de police prescrites par la prudence, et l'on n'a que des louanges à donner aux officiers et surtout à M. Chodier, adjudant-major, qui a si puissamment contribué à la tranquillité de la ville. C'est ainsi qu'elle a été sauvée par le concours de tant de bons citoyens.

Satisfait de la conduite des habitants de *Romans*, M. le général Lederer s'empresse de mettre un terme à leurs alarmes en leur donnant un gage de sa clémence, de sa générosité. Il se rend au conseil municipal et charge M. Lambert de rédiger une proclamation qui est publiée sur-le-champ et dont voici la teneur :

« Au nom de Son Excellence le général baron de
» Lederer, chevalier de l'ordre militaire de Marie-
» Thérèse, commandant l'avant-garde de l'armée de
» Son Altesse le prince de Hesse-Hombourg,

» Les habitants de *Romans* et des environs sont
» prévenus qu'il leur est accordé sûreté et protection
» pour les personnes et les propriétés.

» En conséquence, ils doivent être sans inquiétude,
» reprendre leurs travaux, ouvrir leurs boutiques et
» surtout rester sourds aux faux bruits qu'on ose
» répand pour alarmer les habitants de la ville et des
» campagnes.

» Que tous soient donc calmes, tranquilles, laborieux comme par le passé, et l'ordre le plus parfait régnera dans ces contrées, suivant le vœu bien prononcé de Son Excellence.

« Fait à Romans, le 4 avril 1814.

» Le Baron de LEDERER, *lieutenant-général.* »

Cette proclamation rend tous les *Romanais* à la vie, à l'espérance.

Néanmoins, malgré les ordres du général et contre son intention, des maraudeurs continuent de ravager les campagnes, au point qu'une grande partie des plantations est détruite, que plusieurs domaines sont incendiés et que presque tous sont dépouillés de leurs fourrages, de leurs bestiaux, de leurs voitures, de tout enfin ; malheurs inséparables de la guerre, qui, dans un pays déjà pauvre par lui-même, ont réduit la plupart de ses habitants à la plus affreuse misère.

Si l'agriculture est sacrifiée, le commerce ne l'est pas moins. Les besoins de l'armée nécessitent une foule de réquisitions : draps, toiles, cuirs, marchandises de toute espèce, sont enlevés des magasins de ces hommes laborieux dont l'industrie était la seule richesse de *Romans*. La source de sa prospérité est ainsi tarie et tous les habitants sont dans la désolation.

Par suite des conventions avec les puissances alliées, *Romans* fut évacué le 24 avril, à six heures du matin, et aussitôt une partie de l'armée de M. le général Marchand y entra pour prendre possession de la rive droite de l'Isère.

La rupture du pont de *Romans* a sauvé l'armée du maréchal Augereau et toute la rive gauche de l'Isère. La rentrée des troupes française dans les murs de cette ville, ce retour si funeste à ses habitants, n'a pas été moins avantageuse à la ville de *Grenoble* et à l'armée du général Marchand. Sans cela, l'armée autrichienne se fût contentée de faire occuper *Romans* par quatre ou cinq cents hommes, tandis qu'elle s'est vue forcée de diriger sur ce point près de 20,000 hommes ; puissante diversion qui a retardé la jonction de l'armée du prince de Hesse-Hombourg avec celle du général Budna, donné aux nouvelles de la capitale le temps d'arriver, délivré l'armée du maréchal Marchand et préservé des maux de la guerre la ville de *Grenoble*.

Le dépôt ayant été fait conformément à la loi, tout contrefacteur sera rigoureusement poursuivi.

Imprimerie de J. Dupin, r. de la Pomme, 23.

CARTE TOPOGRAPHIQUE

de la ville de **ROMANS**, du bourg de **PÉAGE** et des environs, dressée avec toute l'exactitude désirable, à l'Echelle de $\frac{1}{20000}$, par **Hippolyte Vanleemputten**, Capitaine au 58e Régiment d'Infanterie.

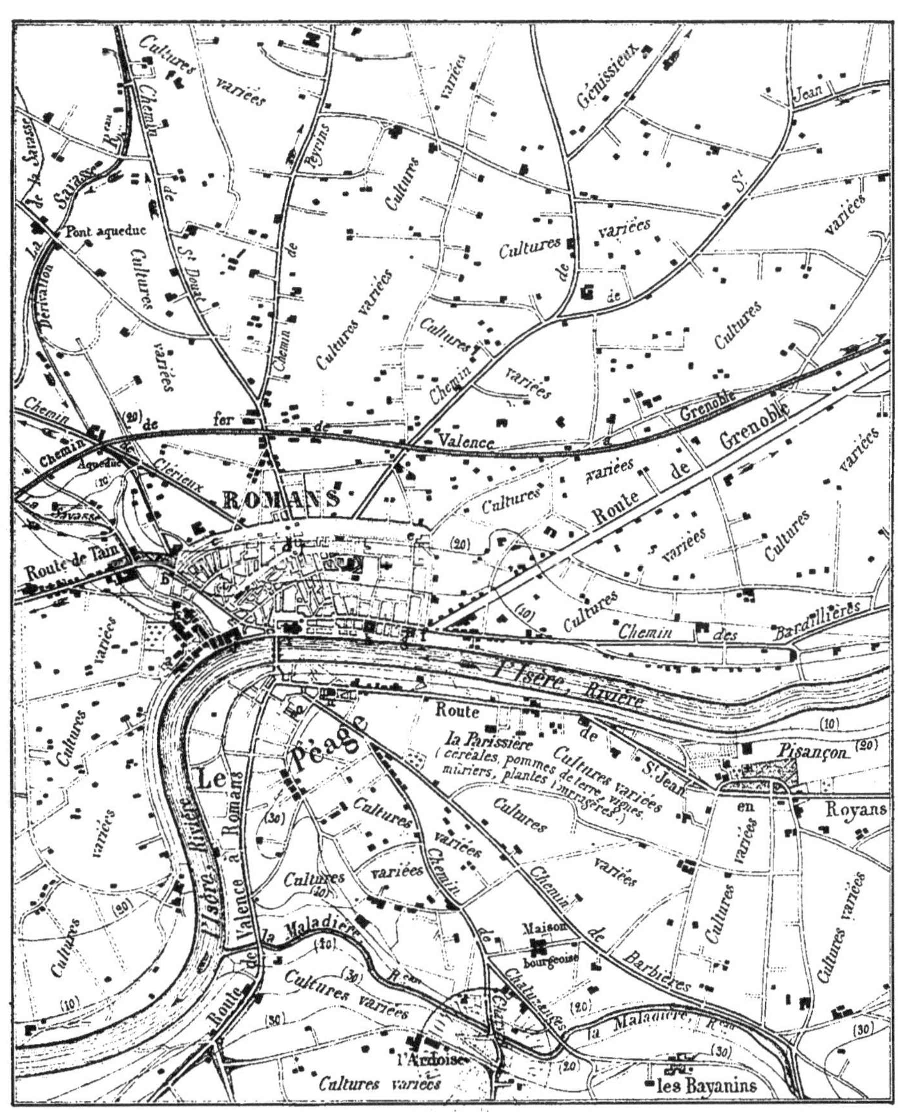

LÉGENDE

a Emplacemt de la porte Chapelier	**e** Emplacemt de la porte Bistour	**i** Eglise St Barnard.	**m** Hôtel de ville de Romans.
b ——— porte de Clérieux	**f** ——— porte St Nicolas	**j** Caserne de la Presle.	**n** ——— du Péage.
c ——— porte Bonnaveau	**g** Eglise St Nicolas.	**k** Hospice de la Charité.	**o** Eglise du Péage.
d ——— porte Jacquemart	**h** Caserne St Nicolas.	**l** Tour Jacquemart.	

www.ingramcontent.com/pod-product-compliance
Lightning Source LLC
LaVergne TN
LVHW020248230826
846091LV00006B/2311

* 9 7 8 2 0 1 2 9 4 1 4 3 4 *